LA VIDA EN LOS
DESIERTOS

Lucy Baker

Asesor: Roger Hammond

PRINCETON ■ LONDON

Publicado en Estados Unidos y Canadá
Two-Can Publishing LLC
234 Nassau Street
Princeton, NJ 08542

www.two-canpublishing.com

© 2000, Two-Can Publishing

Para más información sobre libros y multimedia de Two-Can,
llame al teléfono 1-609-921-6700, fax 1-609-921-3349,
o consulte nuestro sitio Web http://www.two-canpublishing.com

Two-Can es una marca registrada de Two-Can Publishing
Two-Can Publishing es una división de Zenith Entertainment plc,
43-45 Dorset Street, London W1H 4AB

ISBN 1-58728-970-9

sc   1 2 3 4 5 6 7 8 9 10 01 00

Impreso en Hong Kong por Wing King Tong

FOTOGRAFÍAS:
p. 4, Heather Angel/Biofotos (izquierda) y NHPA (derecha); p.5, Biofotos/Brian Rogers; p.7, Ardea/François
Gohier; p. 8, Ardea/François Gohier (izquierda) y Bruce Coleman (derecha); p. 9, Ardea; p. 10, Zefa/Klaus
Hachenberg (superior) y Bruce Coleman/Carol Hughes (inferior), p. 11, Ardea/K.W. Fink (superior)
yArdea/Francois Gohier (inferior); pp. 12-13, Ardea/Clem Haagner; p. 14, Planet Earth/Hans Christian Heap;
p. 15, Science Photo Library/Keith Kent; p. 16, Ardea/Peter Steyn (superior) y The Hutchison Library (inferior);
p.17, Zefa/Bitsch; p.18, B. & C. Alexander (superior) y Zefa/R. Steedman (inferior); p. 19, Impact Photos/David
Reed; pp. 20-21, Mark Edwards; p. 22, Oxfam/Jeremy Hartley; p. 23, Picturepoint (superior) e Impact (inferior);
portada, NHPA/Anthony Bannister; contraportada, Ardea/Clem Haagner.

ILUSTRACIONES de Francis Mosley.

ÍNDICE

CONTEMPLA LOS DESIERTOS

Existen lugares en el mundo donde casi nunca llueve y pocas plantas pueden sobrevivir, lugares donde el sol abrasa la tierra y fuertes ventiscas de arena y polvo azotan el terreno. Estos lugares son los **desiertos**. Pero no todos los desiertos son zonas de arenas e intenso calor. De hecho, rocas y grava se encuentran en la mayor parte de muchos desiertos. Algunos, como el de Gobi, en Asia, son fríos durante la mayor parte del año. Otros son extremadamente calientes durante el día, pero las temperaturas descienden drásticamente por las noches.

Una sorprendente variedad de plantas y animales lucha por sobrevivir en las durísimas condiciones del desierto, y mucha gente, incluso, lo considera «su hogar».

Las palabras que aparecen **en negrita** vienen explicadas en el vocabulario que hay al final del libro.

¿LO SABÍAS?

● La definición científica de un desierto es «un lugar que posee muy poca vegetación y que recibe menos de 25 cm de lluvia al año». Eso significa que la masa de tierra del polo Sur podría ser denominada también desierto, porque recibe solo unos pocos centímetros de lluvia al año. ¡El agua no cae en forma de lluvia, sino de nieve!

▶ Unas de las mayores dunas de arena del mundo se encuentran en el desierto de Namibia, en Suráfrica. Las dunas son enormes montañas de arena que se han ido formando con el viento.

▼ Una zona con peñas y rocas del desierto de Namibia presenta signos de vida después de un buen año de lluvias.

▼ El Valle de la Muerte, en California, es la zona más calurosa y estéril de Estados Unidos.

¿DÓNDE SE ENCUENTRAN?

Los desiertos cubren, aproximadamente, una quinta parte de las tierras del mundo. Hay desiertos en África, en Asia, en Australia y en América del Norte y del Sur.

La mayoría de los desiertos se extienden a lo largo de dos líneas imaginarias situadas al norte y al sur del ecuador, llamadas **trópico de Cáncer** y **trópico de Capricornio**. Aquí, y en otras regiones desérticas, soplan corrientes de aire seco, que pueden ser cálidas o frías pero muy pocas veces llevan consigo nubes de lluvia. Como consecuencia, las tierras por donde pasan estas corrientes carecen de lluvias y no están protegidas del sol.

Este mapa muestra las principales áreas desérticas del mundo. ¿Vives tú cerca de alguna de estas tierras desérticas?

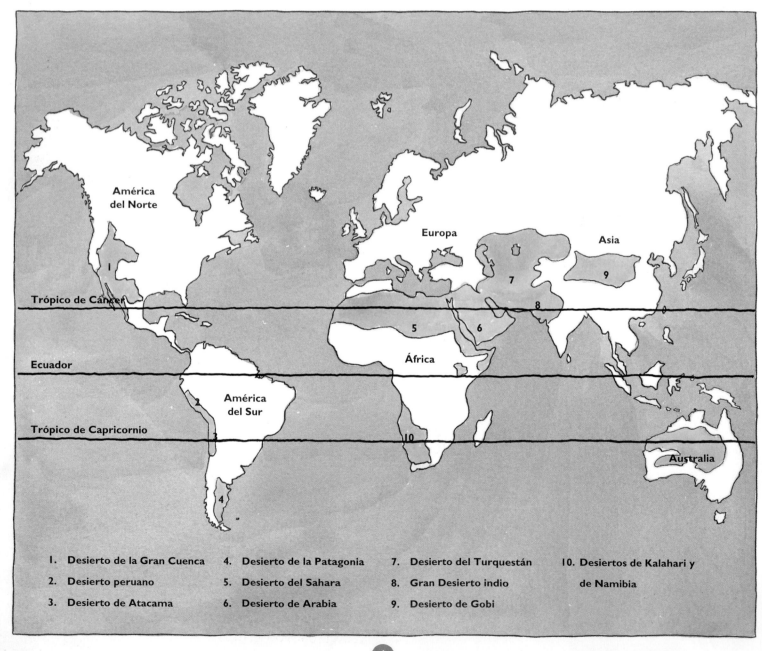

América del Norte

Europa

Asia

Trópico de Cáncer

África

Ecuador

América del Sur

Trópico de Capricornio

Australia

1. **Desierto de la Gran Cuenca**

2. **Desierto peruano**

3. **Desierto de Atacama**

4. **Desierto de la Patagonia**

5. **Desierto del Sahara**

6. **Desierto de Arabia**

7. **Desierto del Turquestán**

8. **Gran Desierto indio**

9. **Desierto de Gobi**

10. **Desiertos de Kalahari y de Namibia**

DESIERTOS JUNTO A SELVAS

Junto a algunas zonas desérticas se forman exuberantes selvas. Esto ocurre cuando grandes montañas bloquean la trayectoria del viento que transporta las nubes de lluvia. Contra la alta montaña choca el viento que, al elevarse, se va enfriando. Al bajar la temperatura, las nubes dejan caer el agua. El viento, finalmente, pasa al otro lado de la montaña, pero sin nubes de lluvia. Este proceso natural crea en el mundo algunos de los medios ambientes más lluviosos, como las selvas, junto a los mundos más estériles, como los desiertos.

● El desierto del Sahara, en el norte de África, es el más extenso del mundo. Cubre un área del tamaño de Estados Unidos.

● El desierto de Gobi, en el este de Asia, está situado en unas mesetas elevadas, expuestas al viento. Es el desierto más frío del mundo.

● Cerca de la mitad de Australia está cubierta por desiertos.

● El desierto de Arabia es el más arenoso del mundo.

● Las regiones desérticas más pequeñas del mundo son los desiertos peruano y de Atacama, en la costa oeste de Suramérica.

● Muchos de los desiertos del mundo están rodeados por áreas de escasa vegetación. Estas tierras casi estériles pueden convertirse en auténticos desiertos si pierden sus árboles y plantas naturales.

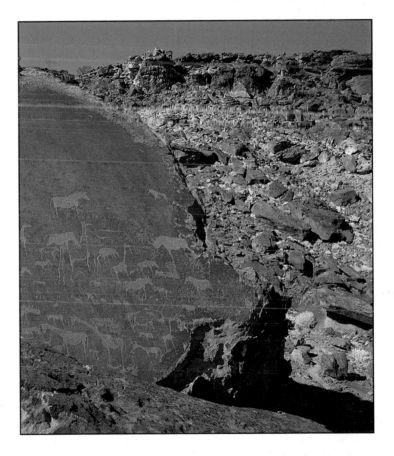

▲ Las pinturas rupestres que aparecen en algunas rocas antiguas de los desiertos de África y Asia representan jirafas, antílopes y otros animales que hoy no podrían sobrevivir en el desierto. Esto nos hace pensar que estas tierras fueron en otro tiempo más fértiles. También se han encontrado pruebas de la existencia de antiguos lagos y bosques en zonas actualmente desérticas.

PLANTAS DEL DESIERTO

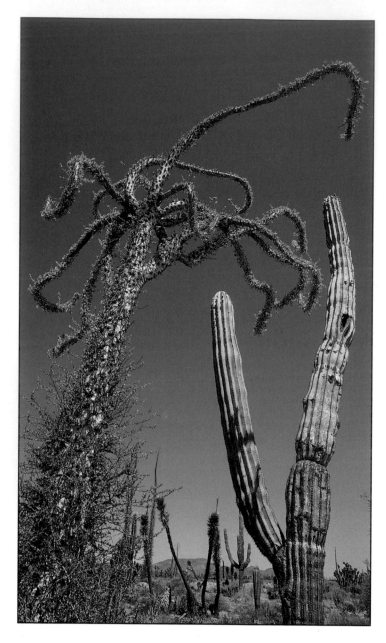

Es realmente asombroso que ciertas plantas se hayan adaptado para sobrevivir en las duras condiciones climáticas de los desiertos. La mayoría de las plantas necesitan lluvias regulares para vivir. Pero las plantas del desierto tienen que vivir sin que caiga agua, a veces, durante todo un año. Además, muchas plantas del desierto tienen que enfrentarse a temperaturas extremas durante días de calor sofocante y noches heladoras.

Algunas plantas del desierto permanecen escondidas en el suelo en forma de semillas hasta que cae la lluvia. Así esperan a que las condiciones sean buenas y no tienen que enfrentarse con la dura vida del desierto.

▼ La gigantesca planta welwitschia sólo se da en el desierto de Namibia. Este desierto tiene una extraña fuente de agua: las nieblas que se desplazan a lo largo de la costa. La welwitschia vive absorbiendo pequeñas partículas de agua procedentes del aire nebuloso.

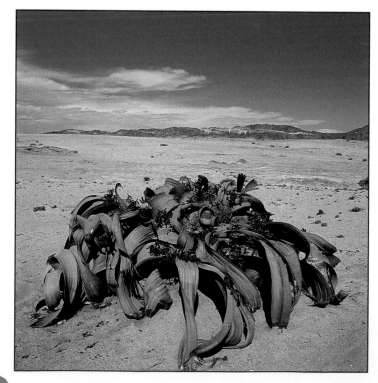

▲ Las cactáceas son las plantas más conocidas del desierto. Son nativas de los desiertos del norte y del sur de América, pero han sido introducidas en otras partes del mundo.

La chumbera fue cogida de Australia y plantada como seto alrededor de las casas. Esta planta crece tan rápidamente que enormes áreas fueron invadidas por las espinosas plantas en poco tiempo. Como consecuencia, tuvieron que ser introducidos en Australia pequeños animales que se alimentan del interior blando de la chumbera, para ayudar a recuperar la tierra perdida.

Los cactos son plantas que producen flores. Algunos florecen todos los años, aunque otros lo hacen en raras ocasiones. Los pájaros extraen de los cactos el dulce néctar de sus flores, o buscan sus tallos para alimentarse de los insectos que allí viven. El cacto de esta ilustración es un saguaro gigante. Los saguaros son cactos que pueden llegar a medir hasta 15 m de altura y pueden almacenar y sostener varias toneladas de agua en sus enormes tallos. Como otros cactos, el saguaro no tiene hojas. En cambio tiene punzantes espinas que crecen alrededor de su tallo. Estas espinas crean una capa de aire alrededor de la superficie de la planta que la protege de los vientos secos.

TRUCOS DE SUPERVIVENCIA

Las plantas del desierto han desarrollado formas especiales de supervivencia. Gracias a ello pueden vivir sin necesidad de que caiga agua regularmente. Algunas absorben toda el agua que pueden durante las pocas veces que llueve y la almacenan en sus tallos o en sus hojas. Aquí tienes algunos de los trucos que utilizan las plantas para recoger y almacenar el agua.

Algunos árboles del desierto tienen varias **raíces primarias** que crecen profundamente, buscando fuentes de agua bajo tierra.

Muchas plantas, como la creosota —una clase de arbusto—, tienen una vasta red de raíces poco profundas para extraer cada gota de humedad que encuentren bajo el suelo de su zona desértica.

Algunas plantas del desierto almacenan comida y agua bajo tierra en gruesas raíces, bulbos o **tubérculos**. Los tallos de estas plantas están expuestos al sol y al viento, y pueden parecer muertos. Pero, en cuanto empieza a llover, vuelven a la vida y dan hojas, frutas y flores.

VIDA OCULTA

Es difícil creer que cientos de animales diferentes viven en los desiertos. La mayor parte del tiempo permanecen quietos, en los mismos lugares. En casi todos los desiertos, los animales se mueven sólo al amanecer o al anochecer. El resto del día excavan bajo la tierra o se ocultan entre las rocas o plantas para protegerse del calor o del frío.

Los animales que viven en los desiertos dependen de las plantas o de otros animales para sobrevivir. Raíces, tallos, hojas y semillas constituyen la dieta básica de muchos de los animales del desierto que, a su vez, son cazados por otros animales. Entre los cazadores más grandes del desierto están los gatos salvajes, los zorros y los lobos.

Algunos animales del desierto obtienen toda el agua que necesitan de la comida. Otros tienen que viajar largas distancias para beber en los pocos agujeros de agua que puedan encontrar.

▲ Los escorpiones cazan arañas, insectos y otros animales pequeños en el suelo del desierto. Una vez que capturan su presa, utilizan el aguijón venenoso que tienen en la punta de su cola para matarla. Cuando una persona recibe una picadura de escorpión, normalmente siente sólo un profundo dolor; pero la picadura de algunas especies muy venenosas puede causar la muerte.

▼ La mayoría de los reptiles están bien adaptados a la vida del desierto, especialmente las serpientes y los lagartos, por la manera de moverse. Las serpientes se mueven serpenteando en la arena suelta. Tuercen la cabeza hacia un lado y el cuerpo hacia el otro, en forma de S, realizando un movimiento ondulante para desplazarse. Las serpientes también pueden esconderse bajo la arena para enfriarse o para escapar de los depredadores.

▶ Conejos, jerbos y muchos otros mamíferos pequeños viven en las tierras del desierto. El conejo de rabo blanco, a la derecha, se puede encontrar en algunos desiertos de América. Tiene unas largas orejas que lo protege del calor, irradiándolo, y lo ayudan a enfriarse.

▼ Muchos lagartos viven en los desiertos. Como otros reptiles, tienen una piel con escamas que les impide deshidratarse en el abrasador amanecer.
    La mayoría de los lagartos son insectívoros. Cazan al vuelo sus presas o se sientan a esperar pacientemente a que un escarabajo o una fila de hormigas pase junto a ellos. Los lagartos tienen muchos enemigos, por lo que deben protegerse bien. El lagarto cornudo, abajo, tiene un camuflaje excelente, por lo que es difícil de divisar en el suelo del desierto.

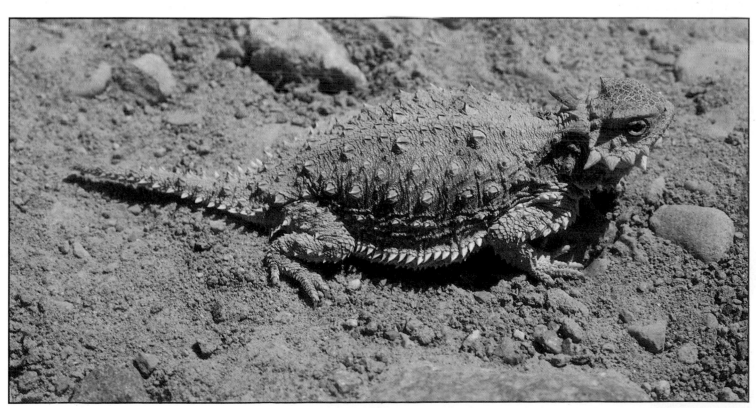

CRUZANDO EL DESIERTO

Los animales más grandes del desierto no permanecen mucho tiempo en una determinada área. Viajan largas distancias en busca de agua y comida. En la mayoría de los desiertos del mundo se encuentran antílopes, cabras y ovejas. Una clase extraña de caballo, el przewalski, recorría en un tiempo el desierto de Gobi, pero ahora está **extinguido**.

El animal más conocido de los que cruzan el desierto es el camello, tambien llamado «viajero del desierto» porque puede recorrer vastos e inhóspitos mares de rocas y arenas mejor que cualquier otro animal.

Existen dos especies de camellos. El dromedario tiene una sola joroba y una cola delgada. Procede de los calurosos desiertos de Arabia y del norte de África, pero fue introducido también en algunas partes de América y de Australia. El camello bactriano tiene dos jorobas y una cola más gruesa y oscura que la de su primo, el dromedario. Procede de los desiertos más fríos de Asia central.

Los camellos están bien preparados para la vida en el desierto. Los ojos están bien protegidos por pestañas largas y espesas, y los orificios nasales son musculados para que puedan cerrarlos y no entren el polvo y la arena. Sus patas, teminadas en dos dedos, constituyen una planta ancha muy adaptable para caminar por la arena del desierto sin hundirse en ella.

La joroba del camello no contiene agua, como antes se pensaba, sino que está formada casi totalmente por grasa, lo que representa un buen almacén de comida para el animal mientras cruza el desierto. Si un camello pasa hambre, su joroba adelgaza.

¿SABÍAS QUE...?

● Hace menos de 100 años era imposible atravesar el vasto desierto de Arabia sin la ayuda de un camello. Hoy se utilizan coches y camiones para muchos viajes y los camellos tienen cada vez menos importancia en la vida de la gente del desierto.

● Un camello sediento puede beber 140 litros de agua de una sola vez y luego resistir una semana sin beber agua.

● Los camellos son los animales domésticos del desierto. Son utilizados como medio de transporte, proporcionan comida y leche para la alimentación, su pelo es aprovechado para tejer paño, e incluso sus excrementos se usan como combustible en los fuegos para cocinar.

CUANDO CAE AGUA

Algunos desiertos tienen estaciones lluviosas regulares, pero en otros puede no llover durante años. En el desierto, ocasionalmente, se producen violentos e intempestivos chaparrones torrenciales. La lluvia es casi un accidente y sólo se dan violentas tormentas de lluvia de vez en cuando que causan riadas y destrucción. Las plantas son arrastradas y algunos animales se ahogan.

Las lluvias suponen a la vez vida y muerte para las tierras desérticas. Días después de una fuerte tormenta, billones de pequeñas semillas renacen en el suelo del desierto. Estas pequeñas plantas florecientes, llamadas **efímeras**, han permanecido escondidas en la arena desde la última caída de lluvia. Millones de huevos de insectos se abren y aparecen moscas, hormigas y avispas. Estos insectos se alimentan de las plantas efímeras y las ayudan a reproducirse dispersando el polen de flor en flor.

Ocho semanas después de las lluvias, el desierto queda de nuevo vacío. Las coloridas flores y los zumbidos de los insectos desaparecen. Pero billones y billones de nuevas semillas y de huevos quedan escondidos en las arenas del desierto. Muchos de ellos servirán de alimento permanentemente a los moradores, pero algunos lograrán sobrevivir hasta las próximas lluvias y el ciclo vital se repetirá.

▲ Plantas con coloridas flores vuelven a la vida en el arenoso desierto de Arabia despues de una lluvia reciente.

▶ Brillantes relámpagos caen cuando una tormenta pasa sobre el desierto de Sonora, en América del Norte. Todo un año de lluvia puede venir en forma de un único chaparrón.

¿LO SABÍAS?

● A veces las tormentas de lluvia no llegan a mojar el suelo del desierto. Si hace mucho calor cuando ocurre la tormenta, la lluvia puede convertirse en vapor de agua antes de llegar al suelo. Por el contrario, unos 300 cm de lluvia pueden caer durante una fuerte tormenta en el desierto.

● El desierto de Atacama es el más estéril del mundo. Algunas partes de él han experimentado una **sequía** de 400 años hasta 1971.

GENTE DEL DESIERTO

El desierto es un lugar peligroso para vivir por sus hostiles condiciones. A pesar de ello, hay gente que lo considera su hogar.

Los **bosquimanos** del desierto de Kalahari, en el sur de África, son **nómadas**, es decir, viajan continuamente de un lugar a otro. Los bosquimanos sobreviven cazando animales y recogiendo plantas comestibles e insectos. Algunos aborígenes vivían de esta manera en el pasado, en el calor de las tierras desérticas de Australia. Pero la mayoría de ellos son ahora sedentarios, están establecidos en campamentos subvencionados por el gobierno.

Los ambientes desérticos más **áridos**, como el desierto del Sahara, el de Arabia y el de Gobi, no ofrecen suficientes recursos de animales y plantas nativos a los **cazadores-recolectores**. Por ello, los nómadas toman del desierto lo que pueden, pero también matan o comercian con animales como cabras, ovejas y camellos para alimentarse.

COSTUMBRES

El turbante utilizado por mucha gente del desierto no es un sombrero. Es una larga pieza de tela que se pone sobre la cabeza y luego se enrolla alrededor del cuello. Esto ayuda a evitar que la arena del desierto entre en los ojos, la nariz y la boca.

Los bosquimanos raramente beben. Obtienen la mayor parte del agua que necesitan de raíces de plantas y de melones *tsama* que encuentran sobre o bajo el suelo del desierto.

La gente del frío desierto de Gobi vive en chozas redondas llamadas yurtas. Estas casas tan sencillas pueden resistir vientos de más de 145 km por hora.

▶ Estos hombres pertenecen a la tribu de los tuaregs. Los tuaregs fueron conocidos durante mucho tiempo como los piratas del desierto. Durante años controlaron las rutas que atravesaban el Sahara, donde solían acechar y saquear caravanas con sus rápidos camellos.

◀ Un bosquimán del Kalahari hace fuego frotando dos palos. Los bosquimanos tienen su propio lenguaje, que incluye extraños sonidos guturales. Viven en chozas construidas con pobres materiales locales: ramas para las paredes y pajas para el techo.

▼ Muchos nómadas del desierto viven en tiendas como la que aparece aquí abajo. Cuando llega el momento de desplazarse, las recogen y las cargan en los camellos o en los asnos.

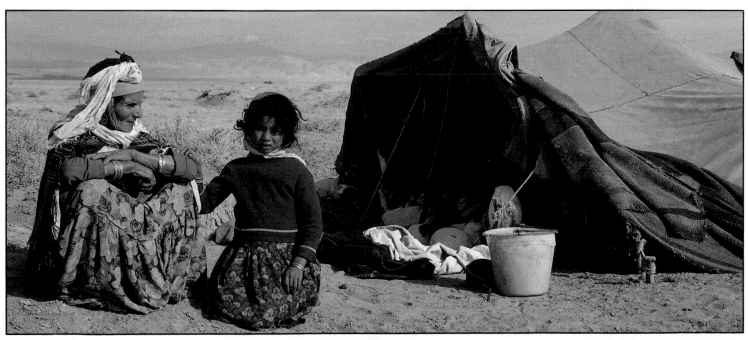

LOS OASIS

En algunas partes del desierto, las plantas crecen en abundancia y hay agua durante todo el año. Estos lugares son los oasis.

La mayoría de los oasis están alimentados por fuentes de aguas subterráneas que se formaron hace miles de años. El agua quedó atrapada entre las capas de roca que hay bajo el suelo del desierto. Los ríos también crean oasis. Los oasis más grandes del mundo crecen a orillas de grandes ríos, como el Nilo, que fluye a través del Sahara.

Los oasis son las áreas más densamente pobladas del desierto. El agua regular hace posible que la gente se asiente permanentemente allí y construya aldeas, pueblos y ciudades. La tierra es **irrigada** y da palmeras, olivos, trigo, mijo y otras cosechas.

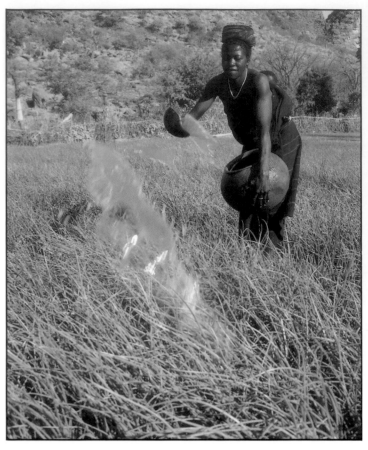

▲ Si no llueve regularmente, el agua tiene que ser llevada a los campos para que no se sequen las cosechas en el desierto.

Muchas ciudades del desierto están construidas con materiales que proceden del mismo suelo. Utilizan el adobe, que son ladrillos de barro y paja mezclados, y luego secados al sol. Éste es un pueblo de los dogon. Los dogon obtienen el agua que necesitan de fuentes de las charcas que hay en las montañas cercanas. Viven en Mali, al norte de África.

▼ Los oasis son como grandes islas verdes rodeadas por un mar de arena y roca. Animales y personas dependen de los oasis para obtener el agua.

Los oasis no duran toda la vida. Los mundos desérticos están llenos de pueblos fantasma, donde se ha agotado el agua o donde el oasis ha quedado anegado por dunas de arena movediza, y la gente se ha visto obligada a abandonarlos.

LA DESERTIZACIÓN

Las zonas desérticas están creciendo. A través de un proceso llamado **desertización**, el monte bajo y los pastos que rodean los desiertos se están quedando tan estériles y secos como los mismos desiertos. Cada año, el desierto se gana actualmente unos 200.000 km^2.

Naturalmente, los desiertos ganan o pierden terreno dependiendo de la cantidad de lluvia que reciben. En los últimos años, la sequía general ha hecho que los desiertos crezcan en una proporción alarmante.

Los científicos creen que las sequías forman parte de un proceso mundial de cambio climático, causado por la polución en la atmósfera.

Los nómadas del desierto contribuyen también a este proceso de desertización por la tala continua de árboles y el pastoreo de su ganado en los amenazados pastizales. Esto hace que las tierras queden expuestas al sol constante, al viento y a ocasionales lluvias violentas. Así, la **capa superficial del suelo** se va secando, es arrastrada y estas tierras quedan completamente estériles.

Los cultivos intensivos pueden causar también la desertización. La presión ejercida sobre los agricultores para que cultiven cada vez más alimentos en la misma extensión de tierra lleva a los agricultores a explotar excesivamente el suelo, lo cual puede tener desastrosas consecuencias. En la década de

1930, la explotación intensiva y el pastoreo en los estados del sur de Estados Unidos crearon una enorme área de tierras áridas, como un desierto, llamada el Dust Bowl (tierra pelada por la erosión). Las sequías secaron completamente el suelo y los vientos lo levantaron. Cientos de ciudades que se hallaban a kilómetros de allí quedaron sumidas en la oscuridad cuando las enormes nubes de polvo pasaron sobre ellas.

▼ Si desaparece la maleza de las tierras secas, el calor del sol abrasa la tierra. Las lluvias no llegan a penetrar en el duro terreno y los árboles se secan y mueren.

¿LO SABÍAS?

● Unos 400 millones de toneladas del suelo de África son arrastradas hacia el oeste, sobre el océano Atlántico, todos los años. En 1988, cientos de pequeñas ranas rosas llovieron sobre un pueblo de Inglaterra durante una fuerte tormenta.

LOS DESIERTOS, HOY

Durante siglos, los desiertos del mundo han sido considerados como terroríficos yermos, propiedad exclusiva de pequeñas tribus que luchaban por sobrevivir en estas hostiles condiciones. Sólo recientemente han llegado coches, camiones y aviones que han abierto las puertas a la exploración del desierto.

Hoy, el hombre desarrolla una gran actividad en el desierto. Las compañías mineras utilizan diversas maquinarias para extraer minerales, como el cobre, el hierro, la sal y el uranio. También se encuentra petróleo en algunos desiertos, lo que ha proporcionado grandes riquezas a algunos Estados. Arabia Saudita posee algunos de los campos petrolíferos más grandes del mundo.

También la moderna tecnología ha sido utilizada para convertir el desierto en tierra fértil. Encontrando nuevas fuentes de aguas subterráneas o haciendo afluir allí el agua de ríos cercanos, las cosechas pueden crecer en las tierras desérticas.

La desertización es un problema en muchas áreas del mundo, pero África es la mayor víctima. En algunos países de este continente se han perdido durante varios años las cosechas, causando una tremenda hambruna. Muchos nómadas han tenido que abandonar sus antiguos modos de vida cuando las sequías han dejado estériles los desiertos.

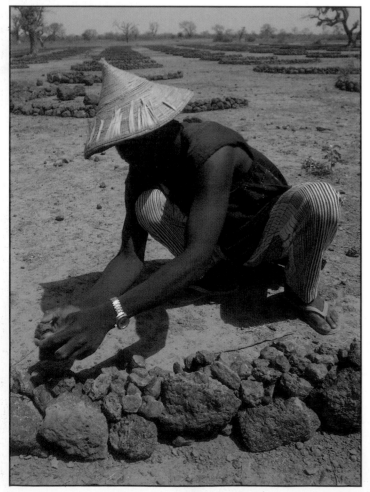

◀ Mientras que los países ricos transforman sus desiertos en tierras de cultivo, los países africanos más pobres intentan contener el crecimiento continuo del desierto del Sahara. Este hombre está construyendo un sencillo muro de contención para evitar que las lluvias estacionales se deslicen y penetren en la dura tierra.

¿SABÍAS QUE...?

● La Armada francesa utilizó el Sahara como zona de pruebas de armas nucleares en la década de los sesenta. Después de la protesta mundial que esto originó, estas pruebas fueron prohibidas.

● Hoy, las tierras áridas producen una quinta parte de las reservas alimenticias. Hacia el año 2000, una tercera parte de todas las tierras de cultivo podrán convertirse en desiertos si el suelo es excesivamente explotado.

▲ Llamaradas de petróleo envían penachos de humo al aire del desierto.

▶ Cubiertas de plástico cubren las salubres cosechas del desierto. Estas cubiertas impiden que el agua se evapore en el seco aire desértico. La evaporación continua fomentaría la ascensión de sales a la superficie del suelo del desierto. Estas sales matarían las plantas y envenenarían el suelo.

LOS CELOS DE 'GLU GLU'

Durante miles de años las personas han contado historias acerca del mundo que las rodea. A menudo, esas historias pretendían explicar algo que la gente no comprendía; por ejemplo, cómo comenzó el mundo o de dónde viene la luz. La historia que aquí se narra la cuentan los aborígenes de Australia.

Hace ya tiempo, en Australia, en la Edad de los Sueños, se crearon todas las cosas: la tierra, con montañas, llanuras y valles, llena de toda clase de animales, aves y plantas; y el mar, en el que habitaban ballenas, delfines y plantas, pero no había ni un solo pez.

Todas las aves fueron dotadas de maravillosas y extraordinarias voces: Cuervo graznaba con su canto chirriante, Kookaburra reía con una risa hilarante y las otras aves cantaban todas con diferentes voces. Se pasaban el día en los árboles y arbustos, cantando continuamente porque se sentían muy felices.

Cuando dije que tenían una maravillosa y extraordinaria voz me olvidé de Glu Glu, el pavo. A Glu Glu sólo le salía de la garganta un ruido glugluteante que hacía con la nariz, y sonaba algo así como: «glu-glu, glu-glu».

Todas las aves se reían de la voz de Glu Glu y cantaban todavía mejor cuando él estaba cerca para burlarse de él.

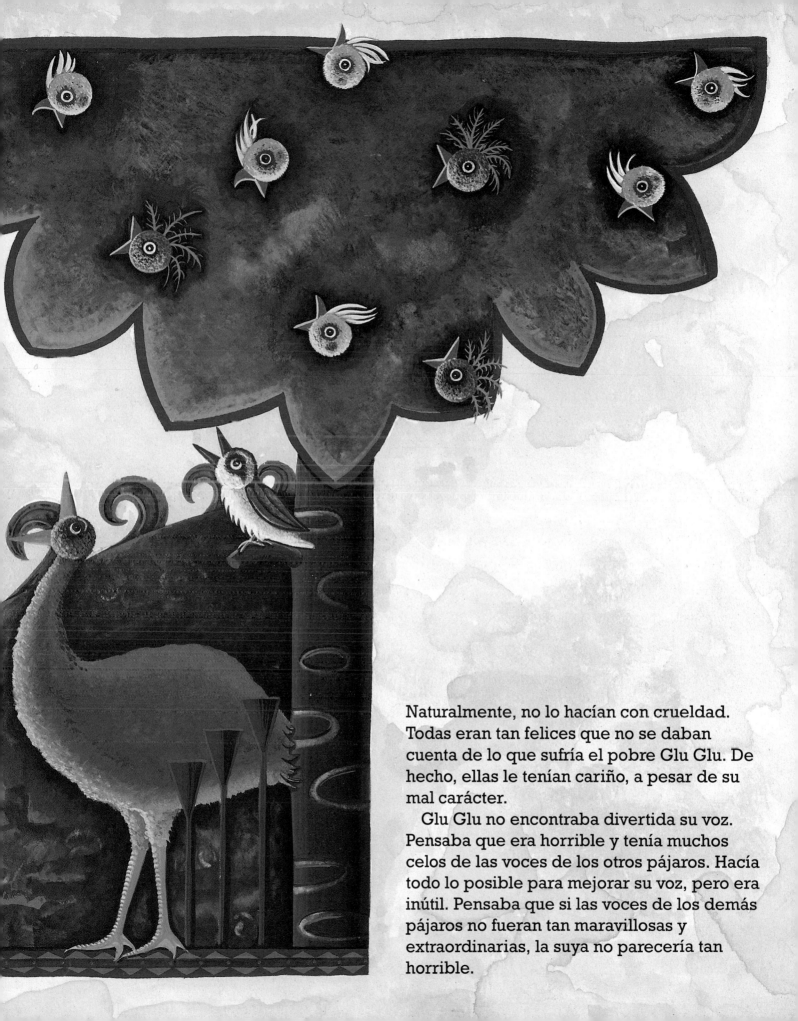

Naturalmente, no lo hacían con crueldad. Todas eran tan felices que no se daban cuenta de lo que sufría el pobre Glu Glu. De hecho, ellas le tenían cariño, a pesar de su mal carácter.

Glu Glu no encontraba divertida su voz. Pensaba que era horrible y tenía muchos celos de las voces de los otros pájaros. Hacía todo lo posible para mejorar su voz, pero era inútil. Pensaba que si las voces de los demás pájaros no fueran tan maravillosas y extraordinarias, la suya no parecería tan horrible.

Un día, Glu Glu estaba más enfadado que nunca. Los otros pájaros se habían estado riendo de él toda la mañana y ya estaba cansado de ello. Por eso se fue a visitar a su amigo Lagarto.

Lagarto era el único que no se reía nunca de su voz. Los dos se sentaron a hablar y a contar historias, hasta que el Sol se empezó a poner. En ese momento, Kookaburra voló hasta las ramas de un árbol cercano y se empezó a reír.

Kookaburra no podía parar de reír. Se reía de todo, incluso de cosas que en realidad no tenían gracia. Y Glu Glu, que ya la conocía, lo sabía. Pero aquel día él estaba muy ofendido por el comportamiento de las otras aves y pensó que Kookaburra había volado hasta allí y se había posado en aquella rama sólo para reírse de él.

–¿Se puede saber de quién te ríes? –le preguntó enfadado.

Kookaburra miró muy sorprendida y se alejó volando a contar a los otros pájaros el extraño comportamiento de Glu Glu.

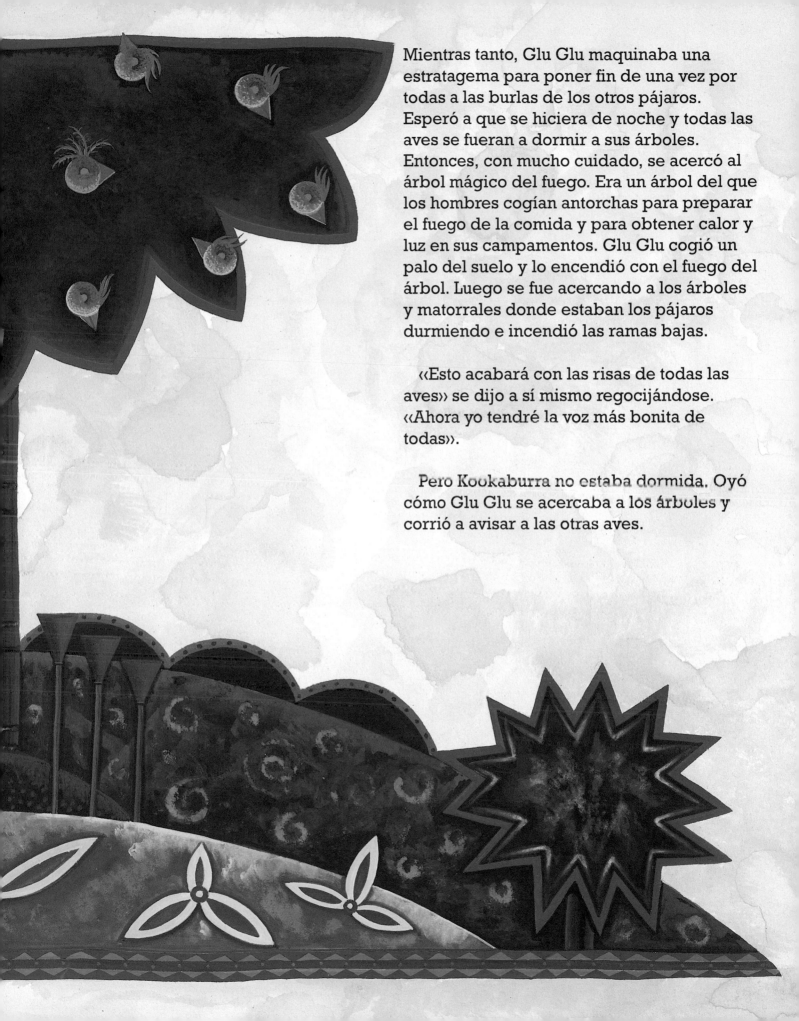

Mientras tanto, Glu Glu maquinaba una estratagema para poner fin de una vez por todas a las burlas de los otros pájaros. Esperó a que se hiciera de noche y todas las aves se fueran a dormir a sus árboles. Entonces, con mucho cuidado, se acercó al árbol mágico del fuego. Era un árbol del que los hombres cogían antorchas para preparar el fuego de la comida y para obtener calor y luz en sus campamentos. Glu Glu cogió un palo del suelo y lo encendió con el fuego del árbol. Luego se fue acercando a los árboles y matorrales donde estaban los pájaros durmiendo e incendió las ramas bajas.

«Esto acabará con las risas de todas las aves» se dijo a sí mismo regocijándose. «Ahora yo tendré la voz más bonita de todas».

Pero Kookaburra no estaba dormida. Oyó cómo Glu Glu se acercaba a los árboles y corrió a avisar a las otras aves.

Enseguida se formó un gran revoloteo de pájaros que salían de sus árboles gritando asustados.

Los pájaros que podían volar rápido huyeron y se pusieron a salvo en lugares donde no había alcanzado el fuego. Pero los que no podían volar tan rápido y salvarse de las llamas volaron hasta el mar buscando un sitio donde enfriar sus plumas. Cuando se adentraron en el mar, sus alas se convirtieron en aletas, y sus plumas, en escamas.

¡Quedaron convertidos en peces en el mar!

Glu Glu estaba furioso porque su plan no había resultado. Agitó violentamente su antorcha, pero sólo consiguió quemarse la punta de sus plumas, que adquirieron un feo color chamuscado, y la cabeza, que se volvió de un rojo brillante. Enfadado, lanzó el palo lejos de él, y cayó entre los arbustos.

El fuego continuó extendiéndose y quemando los árboles, hasta que las tierras del centro de Australia quedaron desérticas. Y éste es el origen del desierto del centro de Australia. Todo por los celos de Glu Glu.

¿VERDADERO O FALSO?

¿Cuáles de estas preguntas son verdaderas y cuáles son falsas?
Si has leído este libro con atención, sabrás las respuestas.

1. Todos los desiertos son muy calurosos.

2. Los desiertos no reciben nada de lluvia durante todo el año.

3. El desierto de Gobi es el más grande del mundo.

4. Las noches en el desierto son extremadamente frías.

5. Exuberantes selvas tropicales pueden originarse junto a algunos desiertos.

6. El saguaro es un cacto que puede llegar a medir hasta 15 metros de alto.

7. Las orejas de los conejos de rabo blanco americanos los ayuda a irradiar calor y a enfriarse.

8. La joroba de un camello es un almacén de agua.

9. El dromedario tiene dos jorobas y una cola gruesa.

10. Los tuaregs fueron conocidos como los piratas del desierto.

11. Muchas ciudades del desierto están construidas con adobe.

12. En 1988, miles de grandes peces azules llovieron sobre un pueblo británico durante una fuerte tormenta.

VOCABULARIO

Árido: Seco, estéril. Las tierras de escasa vegetación, que reciben muy poca lluvia, son áridas y propensas a la desertización.

Bosquimanos: Tribu que vive en tierras desérticas, como el sur de África y Australia. Puesto que no disponen casi de agua, se alimentan de raíces subterráneas y de melones *tsama* que crecen espontáneamente en el suelo del desierto.

Capa superficial del suelo: Fina capa de tierra fértil en la que crece la mayor parte de las plantas.

Cazadores-recolectores: Personas que viven de la tierra, recogiendo plantas y animales para alimentarse. Están acostumbrados a obtener sólo lo que la tierra les puede proporcionar.

Desierto: Lugar de muy poca vegetación, que recibe menos de 25 cm cúbicos de lluvia al año.

Desertización: Proceso por el cual las áreas secas que rodean a los desiertos sufren continuas sequias y terminan convirtiéndose en desiertos. Si volvieran a recibir cantidades regulares de lluvia, estas tierras podrían recuperarse.

Efímeras: Pequeñas plantas que sobreviven en forma de semillas en condiciones tan secas como las arenas del desierto. Esperan hasta que llegue un periodo de lluvia y entonces florecen.

Extinguido: Desaparecido. Los animales o plantas que son los últimos de su especie corren peligro de extinción, bien al ser sacados de su hábitat natural, bien al ser eliminados por nuevos habitantes con los que tengan que competir para sobrevivir.

Irrigación: Método por el cual se crean campos de agricultura artificiales en tierras que tienden a ser desérticas. El agua suele ser canalizada a través de diques o retenida en la tierra con bajos muros de contención.

Nómadas: Gentes que viajan continuamente de un lugar a otro.

Raíces primarias: Largas y delgadas raíces que se abren paso a través de las capas del suelo y ayudan a algunos árboles del desierto a alimentarse durante los largos períodos de sequía.

Tubérculo: Parte de un tallo subterráneo o de una raíz que engruesa considerablemente. En sus células se acumula una gran cantidad de reserva, como en la patata y el boniato.

Sequía: Periodo en el que no llueve, o llueve muy poco. Las cosechas no pueden crecer, el agua escasea y a los animales y a los hombres les resulta difícil sobrevivir.

Trópico de Cáncer, trópico de Capricornio: Líneas imaginarias que se encuentran aproximadamente a 23 grados y 28 minutos al norte y al sur del ecuador. Muchos de los desiertos se encuentran a lo largo de estas dos líneas.

ÍNDICE ALFABÉTICO